Impressum
Verlag: BABADADA GmbH, Nedderfeld 112 , 22529 Hamburg
Geschäftsführer / Verlagsleitung: Harald Hof
Druck: Books on Demand GmbH, In de Tarpen 42, 22848 Norderstedt

Imprint
Publisher: BABADADA GmbH, Nedderfeld 112 , 22529 Hamburg, Germany
Managing Director / Publishing direction: Harald Hof
Print: Books on Demand GmbH, In de Tarpen 42, 22848 Norderstedt

ښوونځی
l'école

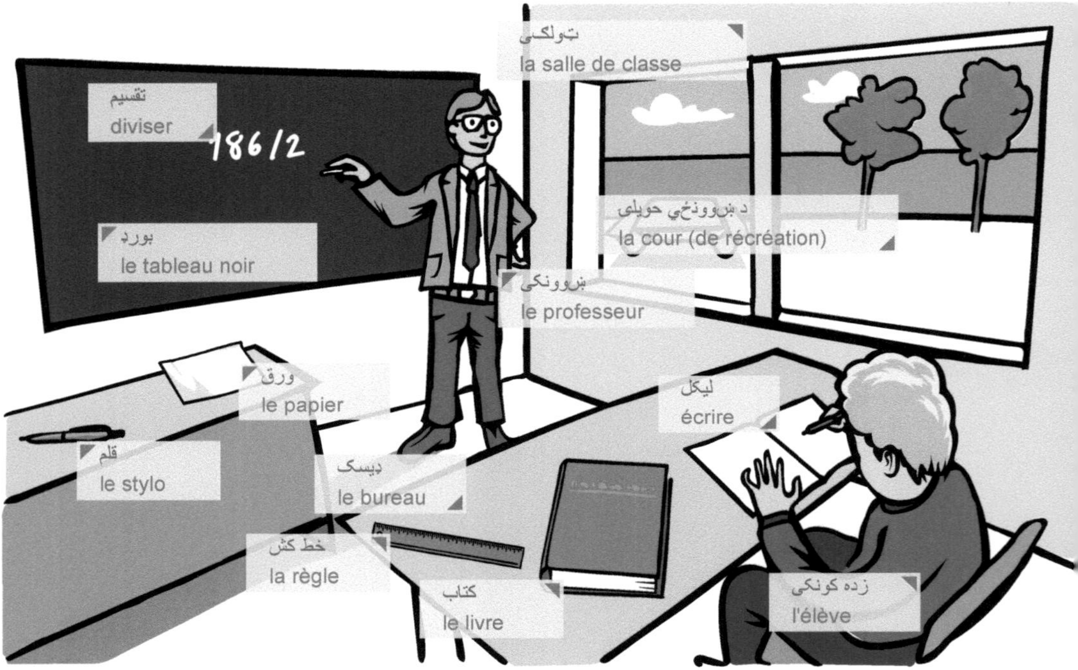

ټولګی
la salle de classe
تقسیم
diviser
186/2
بورډ
le tableau noir
د ښوونځي حویلی
la cour (de récréation)
ښوونکی
le professeur
ورق
le papier
لیکل
écrire
قلم
le stylo
ډیسک
le bureau
خط کش
la règle
کتاب
le livre
زده کونکی
l'élève

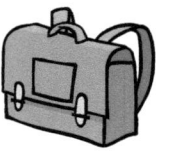

کڅوړه

le cartable

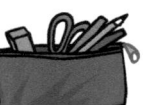

د پنسل بکسه

la trousse

پنسل

le crayon

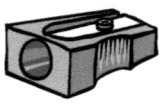

پنسل تراش

le taille-crayon

ربړ

la gomme

د رسامۍ پاڼه

le carnet à dessin

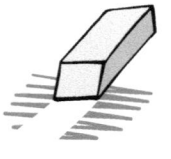

رسامي

le dessin

د نقاشى برس

le pinceau

د نقاشى بکس

la boîte de peinture

قيچي

les ciseaux

سريبش

la colle

د تمرين کتاب

le cahier d'exercices

کورنئ دنده

les devoirs

شمير

le chiffre

جمع

additionner

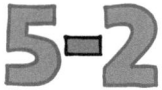

منفي

soustraire

ضرب

multiplier

حساب

calculer

توری

la lettre

الفبا

l'alphabet

کلمه

le mot

متن

le texte

لوستل

lire

تباشیر

la craie

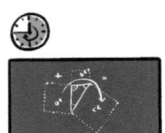

درس

la leçon

راجستر

le livre de classe

ازموینه

l'examen

تصدیق پانهٔ

le certificat

د ښوونخي يونيفارم

l'uniforme scolaire

تعلیم

la formation

دایره المعارف

le lexique

پوهنتون

l'université

مایکروسکوپ

le microscope

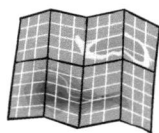

نقشه

la carte

اشغالدانی

la corbeille à papier

سفر
le voyage

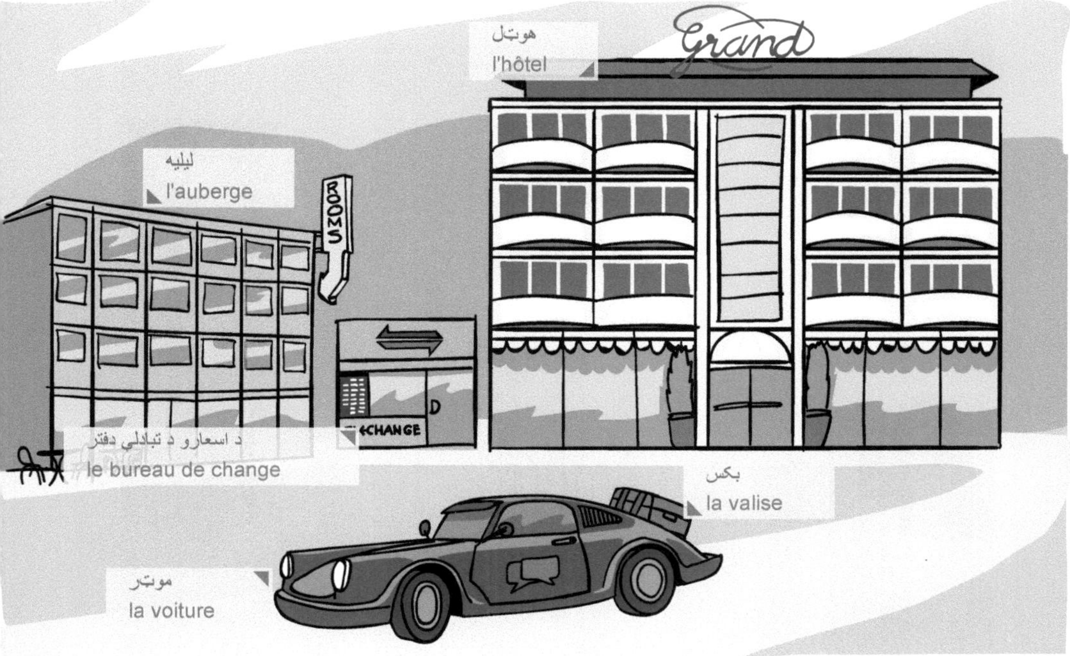
هوټل
l'hôtel
Grand
ليليه
l'auberge
ROOMS
CHANGE
د اسعارو د تبادلې دفتر
le bureau de change
بکس
la valise
موټر
la voiture

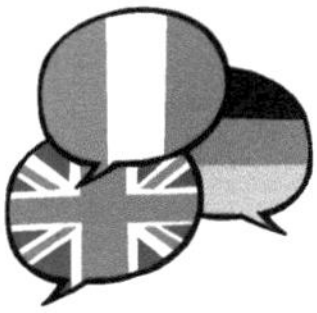

ژبه
la langue

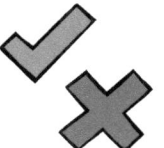

هو/نه
oui / non

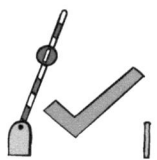

سمه ده
d'accord

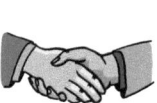

سلام
Salut

ژباړونکی
l'interprète

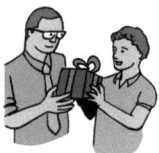

مننه
merci

څومره دي...؟

Combien coûte...?

زه نه پوهیږم

Je ne comprends pas

ستونزه

le problème

ماښام مو پخیر!

Bonsoir !

سهار په خیر!

Bonjour !

شپه په خیر!

Bonne nuit !

په مخه مو ښه

Au revoir

لاریوود

la direction

سامان

les bagages

بیګ

le sac

شاتنی بکس

le sac-à-dos

میلمه

l'hôte

خونه

la pièce

د خوب کڅوړه

le sac de couchage

خیمه

la tente

د توریزم معلومات
....
l'office de tourisme

ساحل
....
la plage

کریدیت کارت
....
la carte de crédit

ناری
....
le petit-déjeuner

د غرمی خواړه
....
le déjeuner

د شپی خواړه
....
le dîner

تیکټ
....
le billet

لفټ
....
l'ascenseur

مهر
....
le timbre

پوله
....
la frontière

ګمرک
....
la douane

سفارت
....
l'ambassade

ویزه
....
le visa

پاسپورت
....
le passeport

ټرانسپورټ

le transport

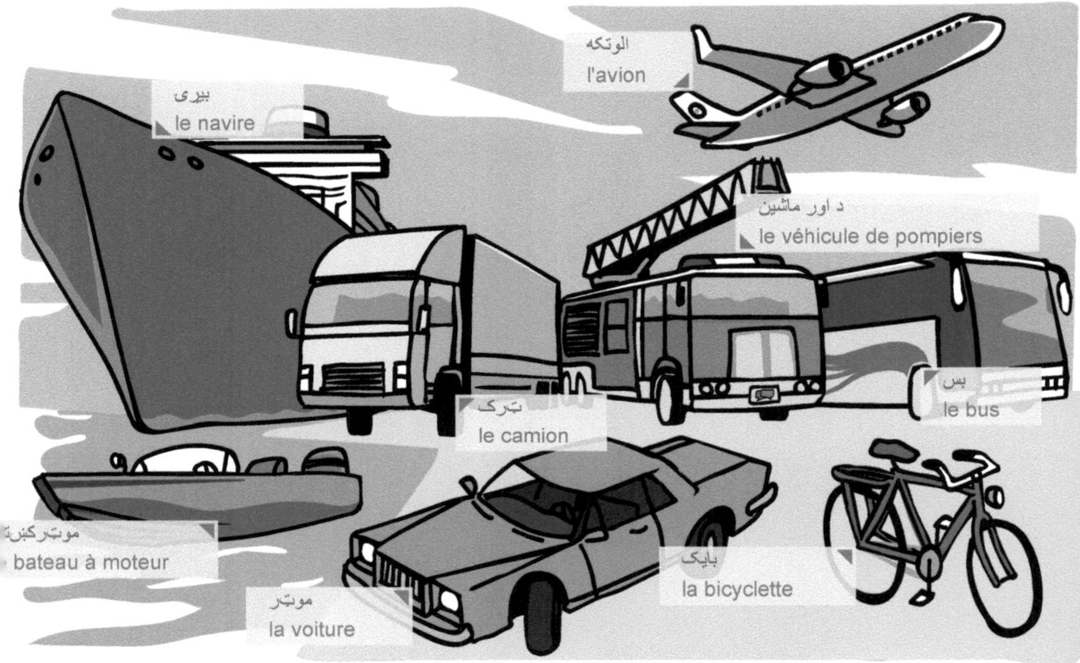
الوتکه
l'avion
بیړی
le navire
د اور ماشین
le véhicule de pompiers
بس
le bus
ټرک
le camion
موټرکښتۍ
bateau à moteur
موټر
la voiture
بایک
la bicyclette

کښتی

le ferry

کښتی

la barque

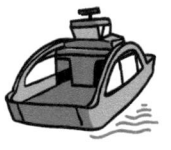

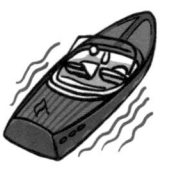

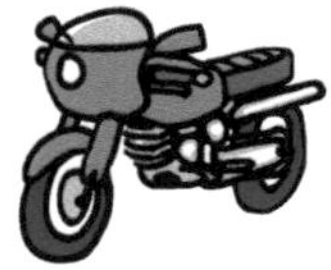

موټرسایکل

la moto

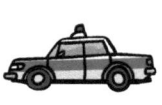

د پولیسو موټر

la voiture de police

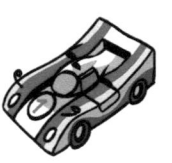

د ریس موټر

la voiture de course

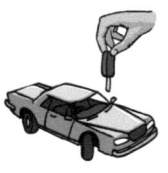

کرایی موټر

la voiture de location

د کرایه موټری

l'auto-partage

د جرثقیل لرونکی ټرک

la voiture de remorquage

ټرک زیرفیر

la benne à ordures

موټر

le moteur

سونګ توکي

l'essence

پټرول سټیشن

la station d'essence

ترافیکي نښه

le panneau indicateur

ترافیک

le trafic

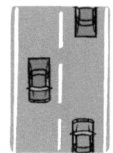

جام ترافیک

l'embouteillage

د موټرو تمځای

le parking

د ریل سټیشن

la gare

پاتکي

les rails

ریل

le train

ټرام

le tramway

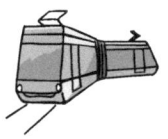

واګون

le wagon

چورلکه

l'hélicoptère

هوايي ډګر

l'aéroport

برج

la tour

مسافر

le passager

کانټينر

le conteneur

کارتون

le carton

کارت

le chariot

ټوکرۍ

la corbeille

الوتنه کول/کښېناستل

décoller / atterrir

ښار

la ville

کلی

le village

د ښار مرکز

le centre-ville

کور

la maison

سینما
le cinéma

اعلان
la publicité

د کوڅې لامپ
le réverbère

کوڅه
la rue

تېکسي
le taxi

د حوارو پلورنځی
le kiosque

پیاده
le piéton

پلی لاره
le trottoir

د سړک څخه تیریدو لاره
le passage piéton

اشغالدانی (لوی)
la poubelle

د تیریدو لاره
le carrefour

د ترافیک څراغونه
les feux de circulation

کودله
la cabane

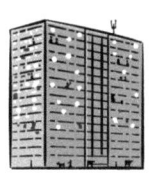

اپارتمان
l'appartement

د ریل ستیشن
la gare

ټاون هال
la mairie

میوزیم
le musée

ښوونځی
l'école

پوهنتون

l'université

بانک

la banque

روغتون

l'hôpital

هوټل

l'hôtel

درملتون

la pharmacie

دفتر

le bureau

کتاب پلورنځی

la librairie

پلورنځی

le magasin

د ګلانو پلورنځی

le fleuriste

لوی پلورنځی

le supermarché

مارکیټ

le marché

د ډیپارټمنټ سټور

le grand magasin

کب پلورنځی

la poissonnerie

د پلور مرکز

le centre commercial

لنګرتون

le port

پارک

le parc

بینچ

la banque

پل

le pont

زینه

les escaliers

د ځمکي لاندی

le métro

تونل

le tunnel

بس تمځای

l'arrêt de bus

بار

le bar

ریستورانت

le restaurant

پوست بکس

la boîte à lettres

د کوڅی نښه

le panneau indicateur

د پارک کولو میټر

le parcmètre

ژوبڼ

le zoo

د لامبو حوض

le réverbère

مسجد

la mosquée

کرونده

la ferme

ناپاکي

la pollution

هدیره

la cimetière

چرچ

l'église

د لوبو ډکر

l'aire de jeux

معبد/کلیسا

le temple

منظره

le paysage

پانه
la feuille

د لاربښووني نښه
le panneau indicateur

لاره
le chemin

چمن
le pré

کانی
la pierre

ونه
l'arbre

هیکر
le randonneur

سیند
la rivière

واښه
l'herbe

ګل
la fleur

دره
la vallée

غونډۍ
la montagne

روان
le lac

ځنګل
la forêt

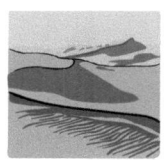

دښته
le désert

اورشیندی
le volcan

کلا
le château

رنگین کمان
l'arc-en-ciel

مرخیړی
le champignon

پلم ونه
le palmier

ماشي
le moustique

الوتل
la mouche

میږی
les fourmis

مچۍ
l'abeille

غونډۍ/جولا
l'araignée

کۆنکتت

le coléoptère

چونگشه

la grenouille

نولی

l'écureuil

زیرکی

le hérisson

سوی

le lièvre

کۆنگ

la chouette

مرغی

l'oiseau

قازه

le cygne

نرخوک

le sanglier

هوسی

le cerf

گاوزه

l'élan

بند

le barrage

بادي توربین

l'éolienne

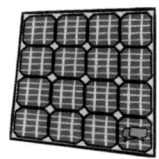

سولر تختی

le panneau solaire

اقلیم

le climat

ریسټورانټ

le restaurant

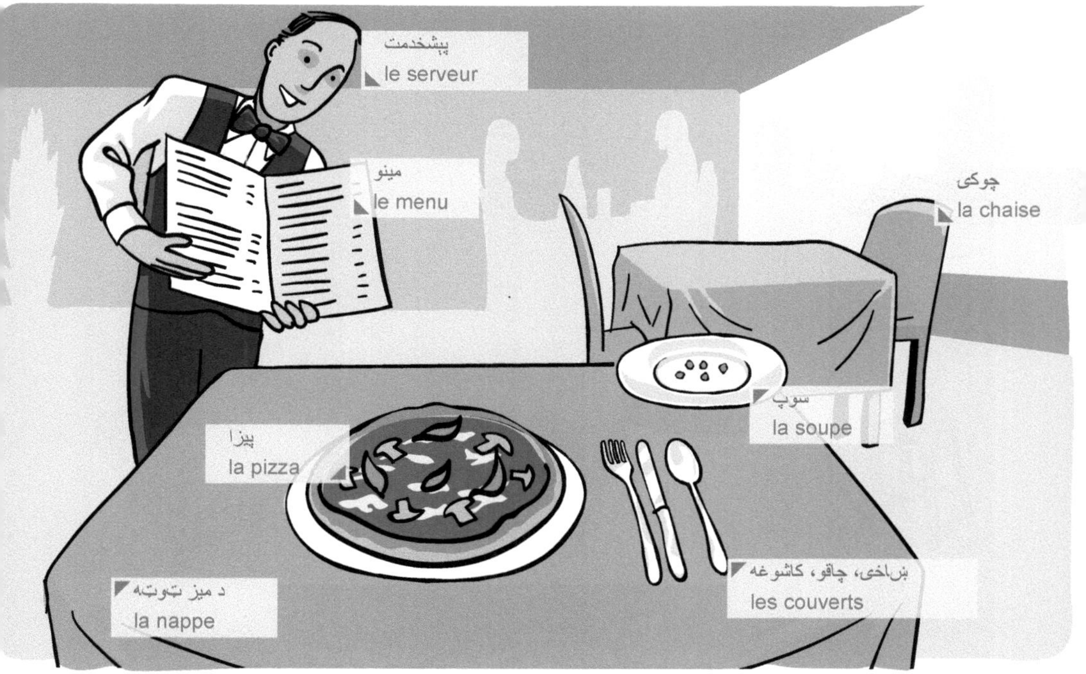

پیشخدمت
le serveur
مینو
le menu
چوکۍ
la chaise
سوپ
la soupe
پیزا
la pizza
ښاخې، چاقو، کاشوغه
les couverts
د میز ټوټه
la nappe

ستارټر
....
les hors d'œuvre

اصلي خواړه
....
le plat principal

شیریني
....
le dessert

څښاک
....
les boissons

خواړه
....
l'alimentation

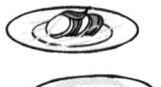

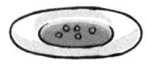

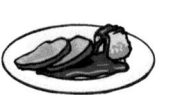

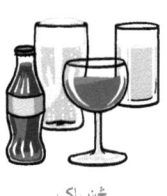

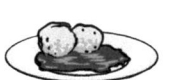

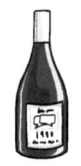

بوتل
....
la bouteille

فاست فود

le fast-food

د کوڅی خوارہ

les plats à emporter

چای جوش

la théière

قندانی

le sucrier

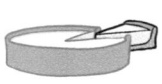

برخه

la portion

أسپرسو مشین

la machine à expresso

لوړہ چوکی

la chaise haute

رسید

la facture

مجمه

le plateau

چاکو

le couteau

پنجه

la fourchette

قاشق

la cuillère

چای قاشق

la cuillère à thé

سورویت

la serviette

گلاس

le verre

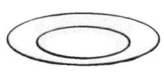

پلیټ

l'assiette

د سوپ پلیټ

l'assiette à soupe

نالبکی

la soucoupe

ساس

la sauce

مالګه شیندونکی

la salière

د مرچ چټکولولو خی

le moulin à poivre

سرکه

le vinaigre

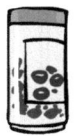

غوري

l'huile

مساله

les épices

کچ اپ

le ketchup

شرشم

la moutarde

چکه

la mayonnaise

لوی پلورنځی
le supermarché

ځانګړی وړاندیز
l'offre promotionnelle
FOR
پیرودونکی
le client
لبنیات
les produits laitiers
میوه
les fruits
لاسي څرخ
le chariot

BUTCHERS

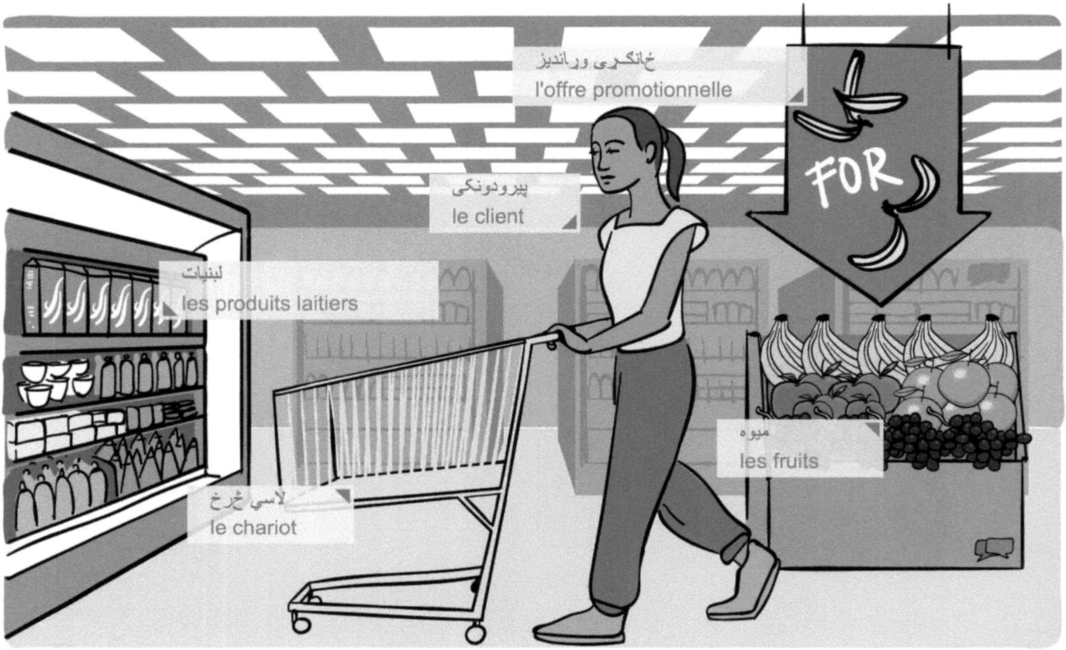

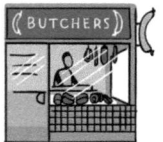

قصابي

la boucherie

BAKERY

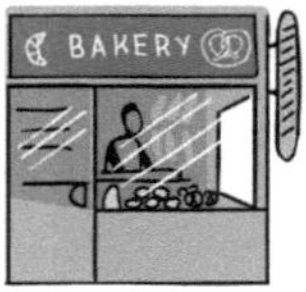

نانوایی

la boulangerie

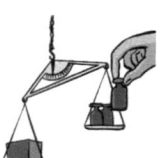

وزن کول

peser

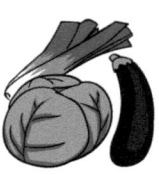

سبزیجات

les légumes

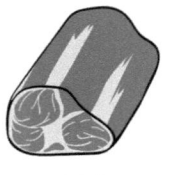

غوښه

la viande

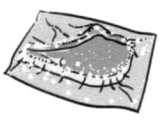

کنګل خواره

les aliments surgelés

يخه غوښه

la charcuterie

كنسروا خواره

les conserves

د مينځلو پوډر

la poudre à lessive

شيريني

les bonbons

كورني توليدات

les articles ménagers

د پاكولو محصولات

les détergents

د پلور فرد

la vendeuse

د نغدي راجستر

la caisse

صراف

le caissier

د پيرودو ليست

la liste d'achats

كاري ساعتونه

les heures d'ouverture

هوبټ

le portefeuille

كريډيټ كارت

la carte de crédit

كڅوړه

le sac

پلاستيک كڅوړه

le sac en plastique

les boissons

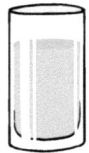

اوبه

l'eau

جوس

le jus de fruit

شیده

le lait

کوک

le coca

واین

le vin

بیر

la bière

الکول

l'alcool

ککاو

le chocolat chaud

چای

le thé

کافي

le café

اسپرسو

l'expresso

کپچینو

le cappuccino

كيله

la banane

مڼه

la pomme

نارنج

l'orange

هنډوانه

le melon

ليمو

le citron.

كازره

la carotte

هوږه

l'ail

بانكس

le bambou

پياز

l'oignon

مرخيړي

le champignon

چغزى

les noisettes

آش

les pâtes

سپيگټي
....
les spaghetti

وريجي
....
le riz

سلاد
....
la salade

چپس
....
les pommes frites

سره كري كچالو
....
les pommes de terre rôties

پيزا
....
la pizza

همبرګر
....
le hamburger

ساندويچ
....
le sandwich

كتره
....
l'escalope

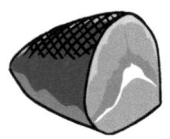

د پتون غوښه
....
le jambon

سلمي
....
le salami

ساسچ
....
la saucisse

چرګ
....
le poulet

روسټ
....
le rôti

كب
....
le poisson

د وربشي شيرني

les flocons d'avoine

موسلي

le muesli

د جوار پلی

les cornflakes

اوړه

la farine

کروسانت

le croissant

د ډوډۍ رول

les petits-pains

ډوډۍ

le pain

تَوسټ

le pain grillé

بسکیت

les biscuits

کوچ

le beurre

چکه

le fromage blanc

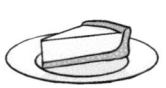

کیک

le gâteau

هګۍ

l'œuf

پنیري هګۍ

l'œuf au plat

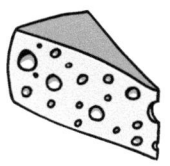

پنیر

le fromage

آيس كريم

la glace

بوره

le sucre

شهد

le miel

مربا

la confiture

نوگائت كريم

la crème nougat

كوركمان

le curry

د کروندي خونه
la ferme

د بوسو ګیډی
la botte de paille

غوجل
la grange

پټکه
le champ

اس
le cheval

لاس ګاډی
la remorque

کوچنی اس
le poulain

ټریکټر
le tracteur

خر
l'âne

پسه
le mouton

وری
l'agneau

وزه
....
la chèvre

غوا
....
la vache

خوسکی
....
le veau

خوک
....
le porc

د خوک بچی
....
le porcelet

غویی
....
le taureau

بتھ

l'oie

ھیلی

le canard

چرکورئ

le poussin

چرکه

la poule

بانگي

le coq

سارای موږک

le rat

پیشک

le chat

موږک

la souris

غویی

le bœuf

سپی

le chien

د سپي خونه

le chenil

د باغ هوز

le tuyau de jardin

د اوبو لوخی

l'arrosoir

لور (داس)

la faucheuse

یوی

la charrue

لور
....
la faucille

رمبی
....
la pioche

ښاخی
....
la fourche

تبر
....
la hache

کراچی
....
la brouette

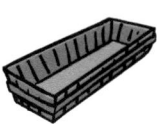

واوه
....
la cuve

د شیدو لوخی
....
le pot à lait

جوال
....
le sac

کټباره
....
la clôture

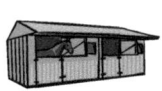

مضبوط
....
l'étable

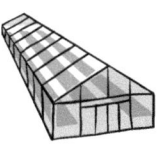

ښنه خونه
....
le serre

خاوره
....
le sol

تخم
....
les semences

سره/کود
....
l'engrais

گد ریبونکی ماشین
....
la moissonneuse-batteuse

زيرمه کول

récolter

درمند

la récolte

خواږه کچالو

l'igname

غنم

le blé

سويا

le soja

کچالو

la pomme de terre

جوار

le maïs

نباتي تخم

le colza

د ميوى ونه

l'arbre fruitier

مانيوک

le manioc

غله

les céréales

la maison

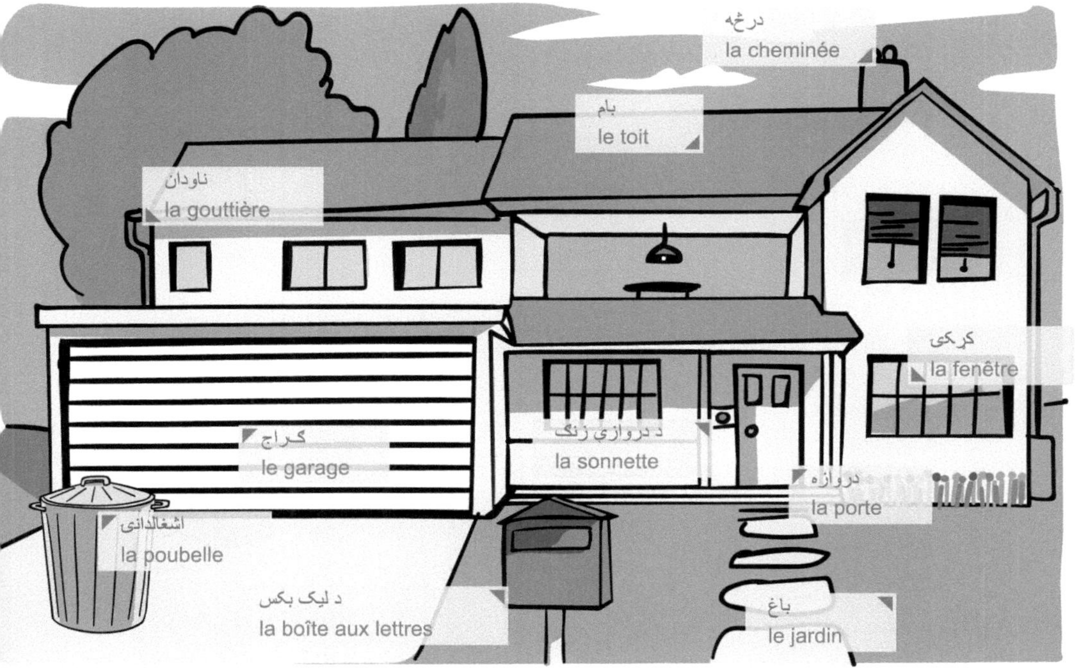
درځه
la cheminée
بام
le toit
ناودان
la gouttière
کړکی
la fenêtre
ګراج
le garage
د دروازې زنګ
la sonnette
دروازه
la porte
اشغالدانی
la poubelle
د لیک بکس
la boîte aux lettres
باغ
le jardin

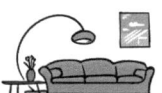

د اوسیدو خونه

le salon

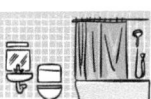

حمام

la salle de bain

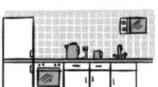

پخلنځی

la cuisine

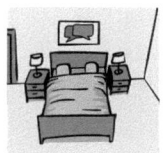

د ویده کیدو خونه

la chambre à coucher

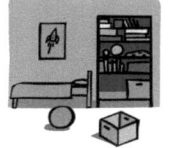

د ماشوم خونه

la chambre d'enfant

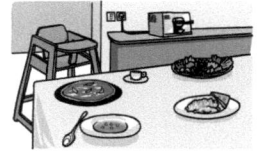

د خوارو خونه

la salle à manger

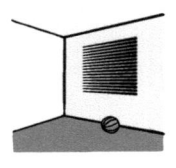

فرش
le sol

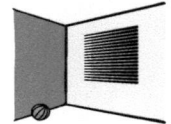

ديوال
le mur

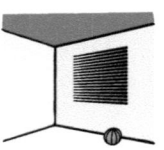

چت
le plafond

زيرخانه
la cave

سونا
le sauna

بالکوني
le balcon

تراس
la terrasse

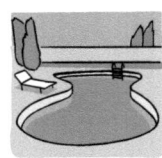

حوض
la piscine

د چمن وهلو ماشين
la tondeuse à gazon

ښپيت
la housse

روجايي
la couette

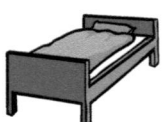

تخت
le lit

جارو
le balai

بوکه
le sceau

سويچ
l'interrupteur

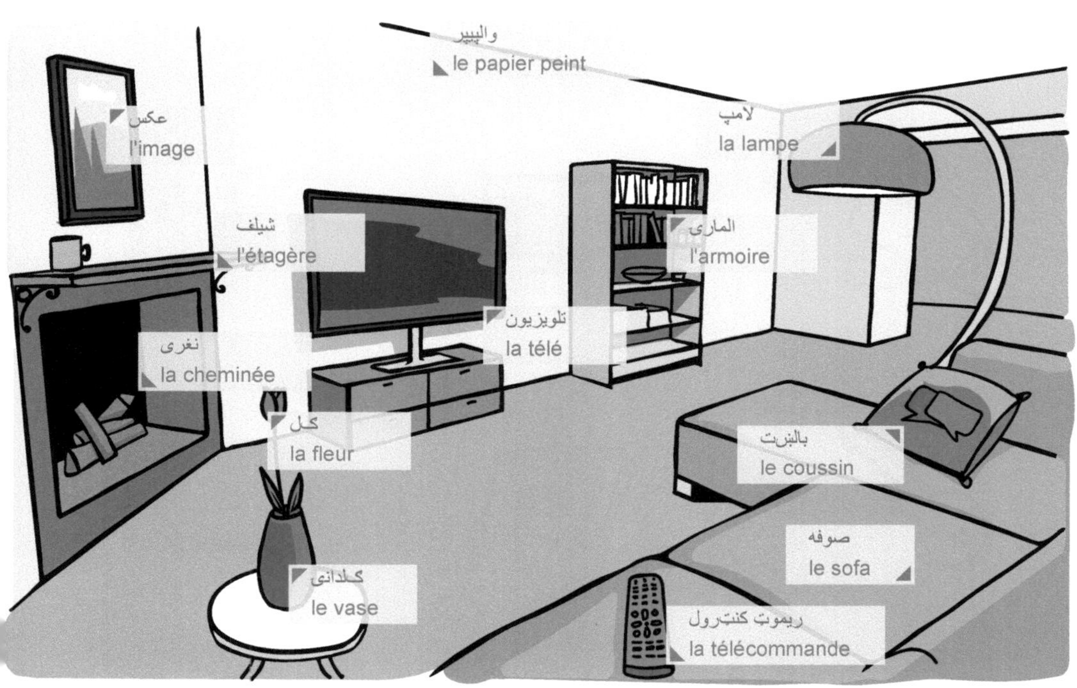

والپیپر
le papier peint

عکس
l'image

لامپ
la lampe

شیلف
l'étagère

الماری
l'armoire

نغری
la cheminée

تلویزیون
la télé

گل
la fleur

بالښت
le coussin

صوفه
le sofa

گلدانی
le vase

ریموټ کنټرول
la télécommande

غالی
le tapis

پرده
le rideau

میز
la table

چوکی
la chaise

تاویدونکی چوکی
la chaise à bascule

بازو لرونکی چوکی
le fauteuil

كتاب

le livre

كمپل

la couverture

ډيكوريشن

la décoration

د اور لرګي

le bois de chauffage

فلم

le film

هايفاى

la chaîne hi-fi

كلي

la clé

ورځپاڼه

le journal

نقاشي

la peinture

پوستر

le poster

راډيو

la radio

كتابچه

le bloc-notes

واكيوم جارو

l'aspirateur

كاكتوس

le cactus

شمع

la bougie

la cuisine

فریج
le réfrigérateur

مایکرو ویو اون
le four à micro-ondes

د پخلنځي تله
la balance de cuisine

تـوسـتـر
le grille-pain

مینځونکی
le détergent

ستـوو
le four

یخچال
le compartiment congélateur

اشغالدانی
la poubelle

د لوخو مینځونکی
le lave-vaisselle

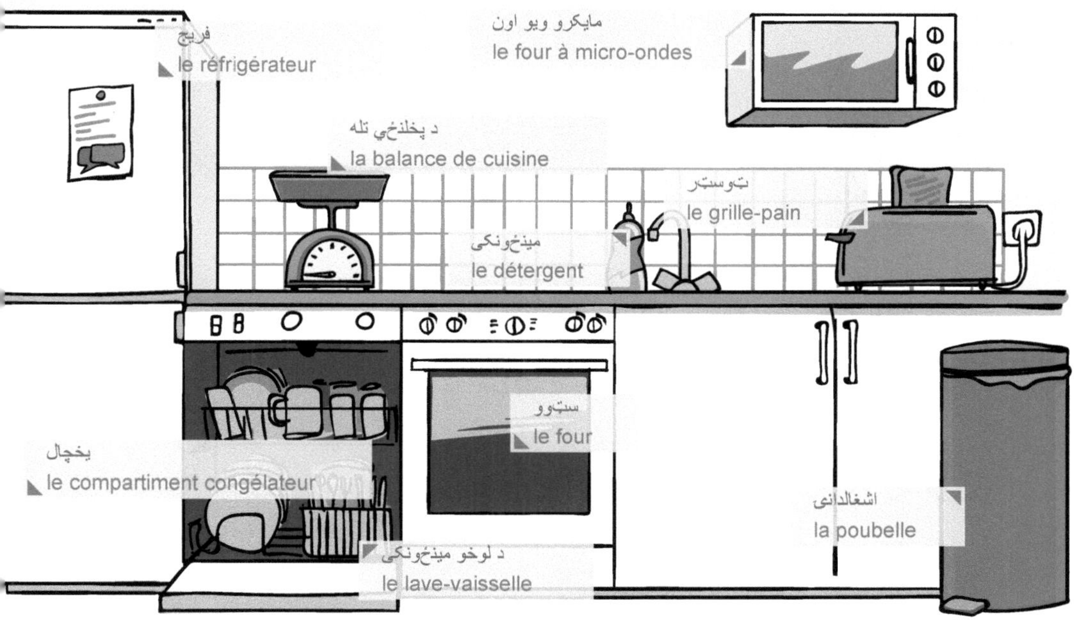

دیگ بخار
le four

لوخی
la casserole

چدني لوخی
la marmite

ووک
le wok / kadai

د تلی په
la poêle

چای جوش
la bouilloire electrique

د بخار ديگ

le cuiseur vapeur

پتَنوس

la plaque de cuisson

لوخي

la vaisselle

مگ

le gobelet

كاسه

la coupe

د رانيولو اوزار

les baguettes

څمڅی

la louche

کفګیر

la spatule

پاكونكى

le fouet

صافي

la passoire

غلبيل

le tamis

گریتر

la râpe

اونگ

le mortier

بار بي كيو

le barbecue

خلاص اور

la cheminée

تخته

la planche à découper

هواورنکی

le rouleau à pâtisserie

کارک سکریو

le tire-bouchon

تیم

la boîte

د تیم خلاصونکی

l'ouvre-boîte

د لوخي تنوته

les maniques

ظرف شوی

le lavabo

برس

la brosse

سپنج

l'éponge

بلیندر

le mixeur

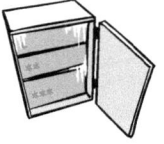

ژور یخچال

le congélateur

د ماشوم بوتل

le biberon

نل

le robinet

la salle de bain

شاور
la douche

تودول
le chauffage

جان پاک
la serviette

د شاور پرده
le rideau de douche

بېل حمام
le bain moussant

د حمام تب
la baignoire

كـلاس
le verre

د مينځلو مشين
la machine à laver

نل
le robinet

بت،ايلونه
le carrelage

يو دول كمود
le pot

ظرف شوی
le lavabo

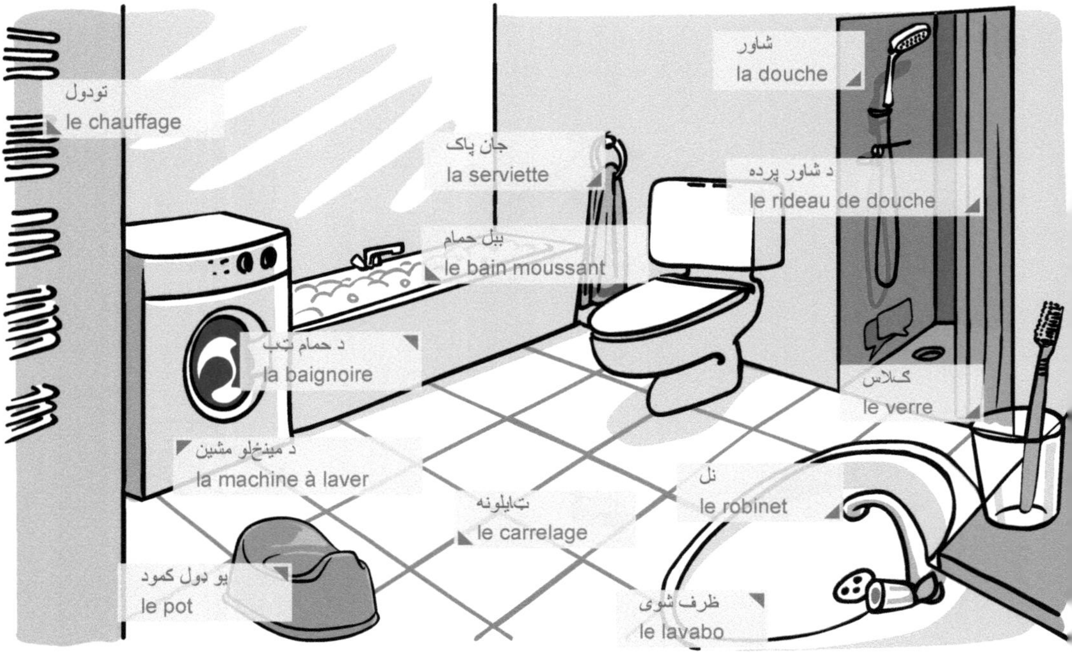

تشناب
les toilettes

فرشي كمود
la toilette à la turque

كمود
le bidet

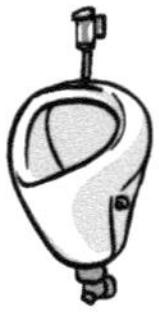

د متيازو خای
l'urinoir

تشناب كاغذ
le papier toilette

د تشناب برس
la brosse à toilette

سرﺑ ونوﺷ اغ د

la brosse à dents

كريﻢ ونوﺷ اغ د

le dentifrice

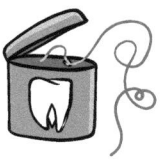

خﻦ ونوﺷ اغ د

le fil dentaire

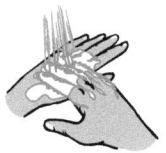

لﺧﻨﻴﻢ

laver

روﺎﺷ يﺳ لا

la douche manuelle

ﺷ ود

la douche intime

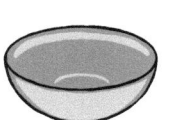

خﺎﻧﻚ

la vasque

سرﺑ اﺷ د

la brosse dorsale

صﺎﺑ ون

le savon

زﻞ روﺎﺷ د

le gel douche

ﺷ ﺎﻣﭘ و

le shampooing

ﻣﺎﻩ فلانل

le gant de toilette

وﭼ ول

l'écoulement

كريﻢ

la crème

يﺮﭘﺳ

le déodorant

آينه
....

le miroir

هنه آي سي لاس
....

le miroir cosmétique

ريز ر
....

le rasoir

موف خريلو د
....

la mousse à raser

هتسوروو خريلو د
....

l'après-rasage

خمنك گ
....

la peigne

سرب
....

la brosse

كنونجچو وتانو ويبيش د
....

le sèche-cheveux

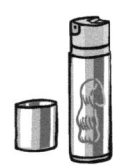

سپري وتانو ويبيش د
....

la laque pour cheveux

ميك اپ
....

le fond de teint

كيتس پيل
....

le rouge à lèvres

شلاپ وكانو نو د
....

le vernis à ongles

ورى كاتن
....

l'ouate

گير ناخن
....

le coupe-ongles

عطر
....

le parfum

د مينځلو كڅوړه

la trousse de toilette

ستول

le tabouret

د وزن كولو تله

le pèse-personne

د حمام پوښاک

le peignoir

د ربړ دستكش

les gants de nettoyage

تامپون

le tampon

صحيى جان پاک

les serviettes hygiéniques

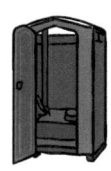

كيميكل تشناب

la toilette chimique

la chambre d'enfant

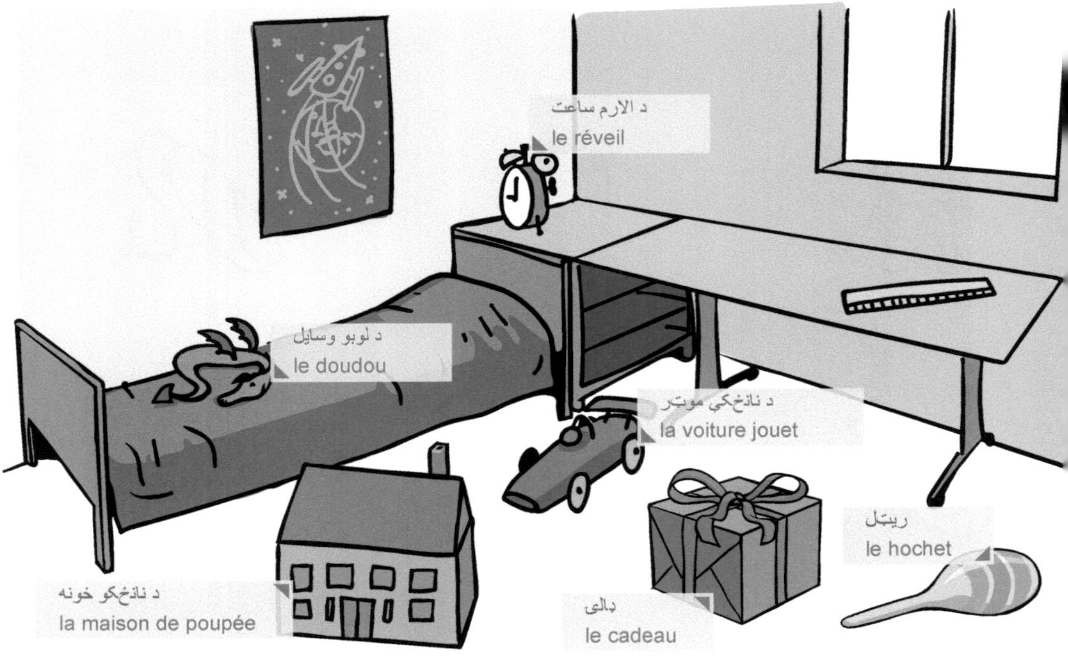
د الارم ساعت
le réveil
د لوبو وسایل
le doudou
د نانځکي موټر
la voiture jouet
ریټل
le hochet
د نانځکو خونه
la maison de poupée
ډالۍ
le cadeau

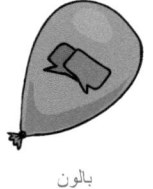

بالون

le ballon

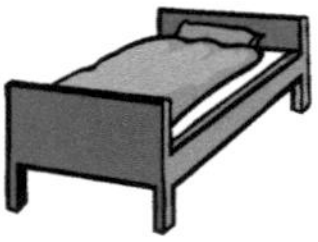

تخت

le lit

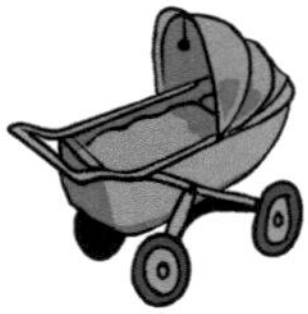

کالسکه

la poussette

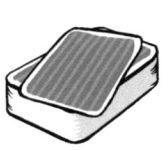

د لوبو ورقي

le jeu de cartes

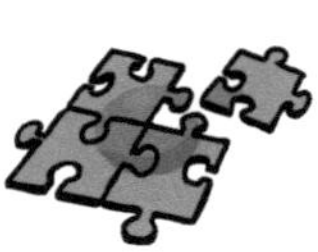

جيګسا

le puzzle

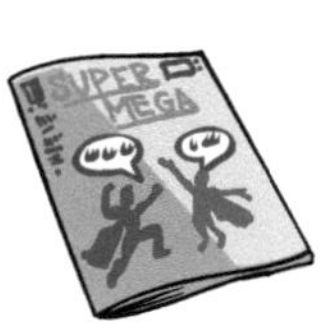
SUPER MEGA

مسخره

la bande dessinée

ليگو بريک

les pièces lego

د ناذِخِکو بلاک

les blocs de construction

د اكشن فيگـور

la figurine

د ماشوم پوښاک

la grenouillère

فريزبي

le frisbee

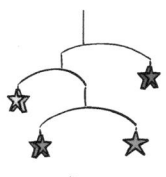

موبايل

le mobile

بورډ لوبه

le jeu de société

تاس

le dé

مادل ریل سیټ

le train miniature

کونگشی

la sucette

پارتي

la fête

د عكسونو اليوم

le livre d'images

بال

la balle

ناذِخِکه

la poupée

لوبيدل

jouer

د ښکو کنده

le bac à sable

سوینګ

la balançoire

نانځکي

les jouets

د ویډیو لوبو کنسول

la console de jeu

تر‌ای سایکل

le tricycle

ګوډکه

l'ours en peluche

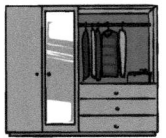

د کالو الماری

l'armoire

پوښاک

les vêtements

جرابی

les chaussettes

لوړي جرابی

les bas

تایټس

le collant

زروکی
l'écharpe

چتری
le parapluie

کمربند
la ceinture

تي شرټ
le t-shirt

سنيکرز
les baskets

بوتان
les bottes

سلپير
les pantoufles

سيندل
les sandales

بوتان
les chaussures

د ربر بوتان
les bottes de caoutchouc

زيرنيکري
les sous-vêtements

سينه بند
le soutien-gorge

واسکټ
le maillot de corps

بادي

le body

پتلون

le pantalon

جينز

le jean

لمن

la jupe

بلاوز

le chemisier

شرت

la chemise

بنيان

le pull

سویټر

le sweat à capuche

بلیزر

la veste

جاكټ

la veste

كوټ

le manteau

د باران كوټ

l'imperméable

پوښاک

le costume

كالي

la robe

د واده پوښاک

la robe de mariée

دريشي

le costume

د شپی پوښاک

la chemise de nuit

پاجامه

le pyjama

ساري

le sari

لوپيته

le foulard

پټکی

le turban

برقه

la burqa

كفتن

le caftan

عبا

l'abaya

د لامبو پوښاک

le maillot de bain

نيکر

le maillot de bain

شارټ

le short

د خُغاستی پوښاک

la tenue d'entraînement

پیش بند

le tablier

دستکش

les gants

بتن

le bouton

عینک

les lunettes

لاس بند

le bracelet

غاړه کی

le collier

ګوتمه

la bague

غوږوالۍ

la boucle d'oreille

خولۍ

le bonnet

کوټ بند

le cintre

خولۍ

le chapeau

نتایی

la cravate

څنځخیر

la fermeture éclair

هیلمیت

le casque

تړونکی

les bretelles

د ښوونځي يونيفارم

l'uniforme scolaire

يونيفارم

l'uniforme

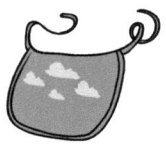

بيب
....
le bavoir

ګـونګـشی
....
la sucette

نيپي
....
la lange

دفتر
le bureau

سرور
le serveur
د دوسيه الماری
l'armoire d'archivage
ورق
le papier
پرينټر
l'imprimante
مانيټور
l'écran
ماوس
la souris
ډيسک
le bureau
فولډر
le classeur
کي بورډ
le clavier
اشغالدانی
la corbeille à papier
کمپيوټر
l'ordinateur
چوکی
la chaise

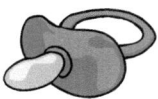

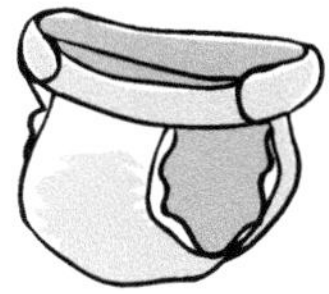

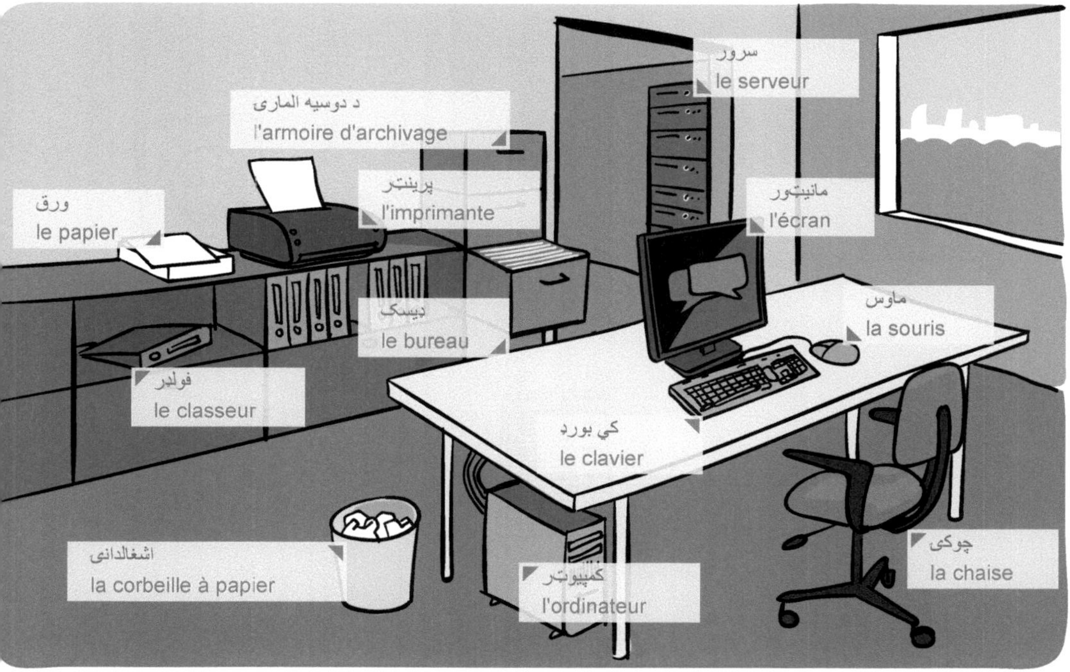

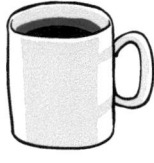

د کافي پياله
....
la tasse de café

کالکوليټر
....
la calculatrice

انټرنيټ
....
l'internet

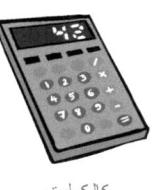

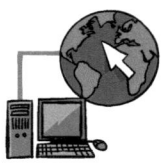

لپ تاپ
l'ordinateur portable

لیک
la lettre

پیغام
le message

موبایل
le portable

کرویتن
le réseau

فوتوکاپیر
la photocopieuse

سافتویر
le logiciel

تلیفون
le téléphone

پلک ساکت
la prise

فکس مشین
le fax

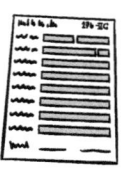

فارم
le formulaire

سند
le document

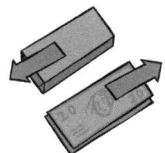

پیرل

acheter

كول هديه تادا

payer

كول يركاد وسو

faire du commerce

سيپي

la monnaie

دالر

le dollar

ورو

l'euro

ين

le yen

لبر

le rouble

كنارف يسي سويوس

le franc suisse

وان يوان يينيمير

le renminbi yuan

يپور

la roupie

خاى وسمو پيپي يدغن د

le distributeur automatique

د اسعارو د تبادلي دفتر

le bureau de change

سره زر

l'or

سپين زر

l'argent

تیل

le pétrole

انرژي

l'énergie

نرخ

le prix

قرارداد

le contrat

ماليه

la taxe

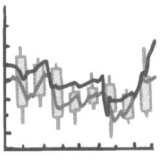

اسهام

l'action

کار کول

travailler

کارمند

l'employé

کار ګومارونکی

l'employeur

فابريکه

l'usine

پلورنځی

le magasin

مسلکونه

les professions

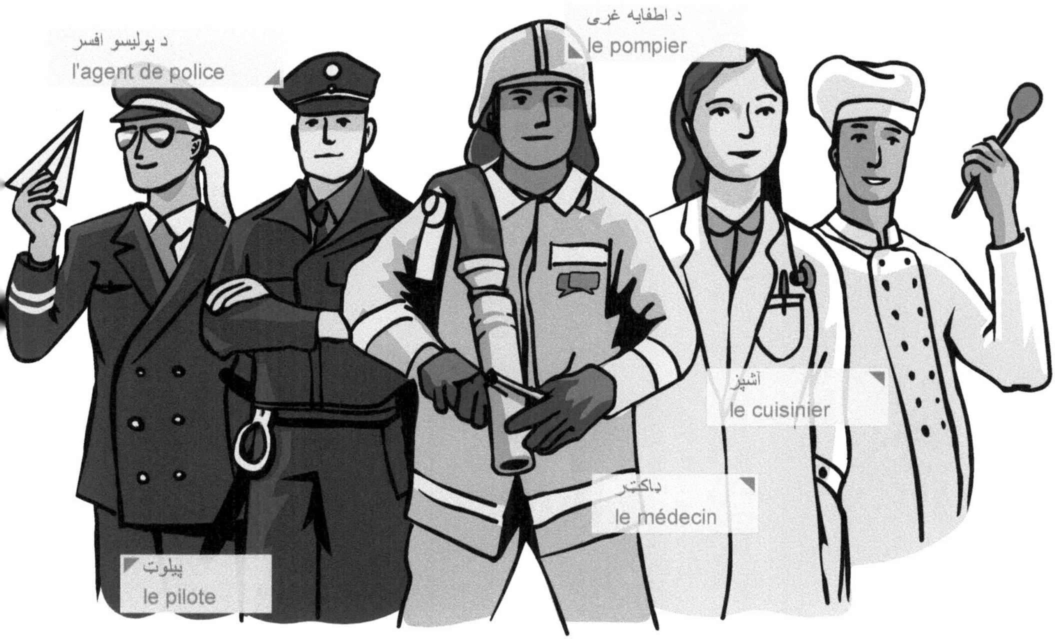

د پولیسو افسر
l'agent de police
د اطفایه غړی
le pompier
آشپز
le cuisinier
ډاکټر
le médecin
پیلوټ
le pilote

باغوان

le jardinier

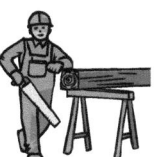

نجار

le menuisier

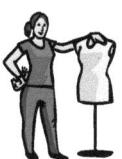

خیاط

la couturière

قاضي

le juge

کیمیا پوه

le chimiste

د فلم لوبغاړی

l'acteur

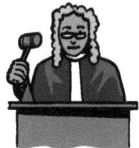

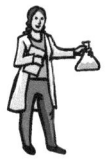

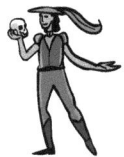

د بس ډرايور

le conducteur de bus

د ټيکسي ډرايور

le chauffeur de taxi

کب نيونکی

le pêcheur

خدمه

la femme de ménage

بام جوړونکی

le couvreur

پیشخدمت

le serveur

ښکاري

le chasseur

نقاش

le peintre

نانوا

le boulanger

د برښنا کارکونکی

l'électricien

تعمير جوړونکی

l'ouvrier

انجنير

l'ingénieur

قصاب

le boucher

نلدوان

le plombier

پوسته رسونکی

le facteur

سرترېری
....
le soldat

مهندس
....
l'architecte

فارص
....
le caissier

رایام
....
le fleuriste

نایی
....
le coiffeur

کلیندر
....
le contrôleur

میکانیک
....
le mécanicien

کپتان
....
le capitaine

د غاښونو ډاکتر
....
le dentiste

ساینس پوه
....
le scientifique

ربی شاغلی
....
le rabbin

امام
....
l'imam

مذهبي نفر
....
le moine

پادری
....
le prêtre

les outils

پلاس
les pinces

ښتنکی
le marteau

پيچکش
le tournevis

څراغ
la torche

رينچ
la clé

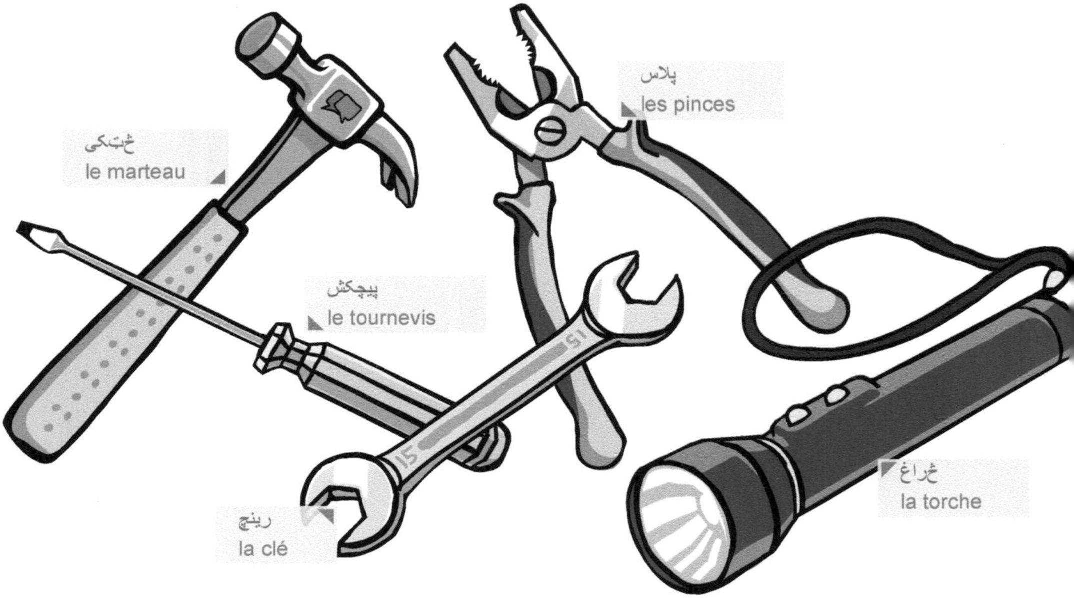

کنستونکی
la pelleteuse

د لوازمو بکس
la boîte à outils

زينه
l'échelle

اره
la scie

ميخونه
les clous

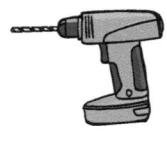

برمه
la perceuse

ترمیم کول
réparer

بیل
la pelle

لعنت!
Mince !

خاک انداز
la pelle

مشوانزی
le pot de peinture

پیچونه
les vis

د میوزیک آلات

les instruments de musique

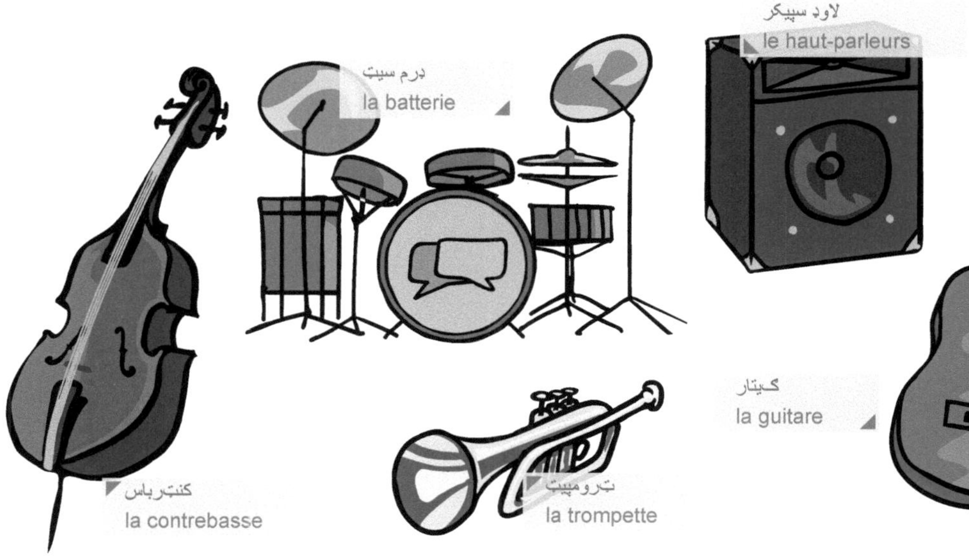

درم سیت
la batterie

لاوډ سپیکر
le haut-parleurs

کنترباس
la contrebasse

ترومپیت
la trompette

ګیتار
la guitare

پیانو

le piano

وایلن

le violon

باس

la basse

نغاره

les timbales

درمونه

le tambour

ي بورد

le piano électrique

سيكسافون

le saxophone

شپيلی

la flûte

مايكروفون

le microphone

ژوبڼ
le zoo

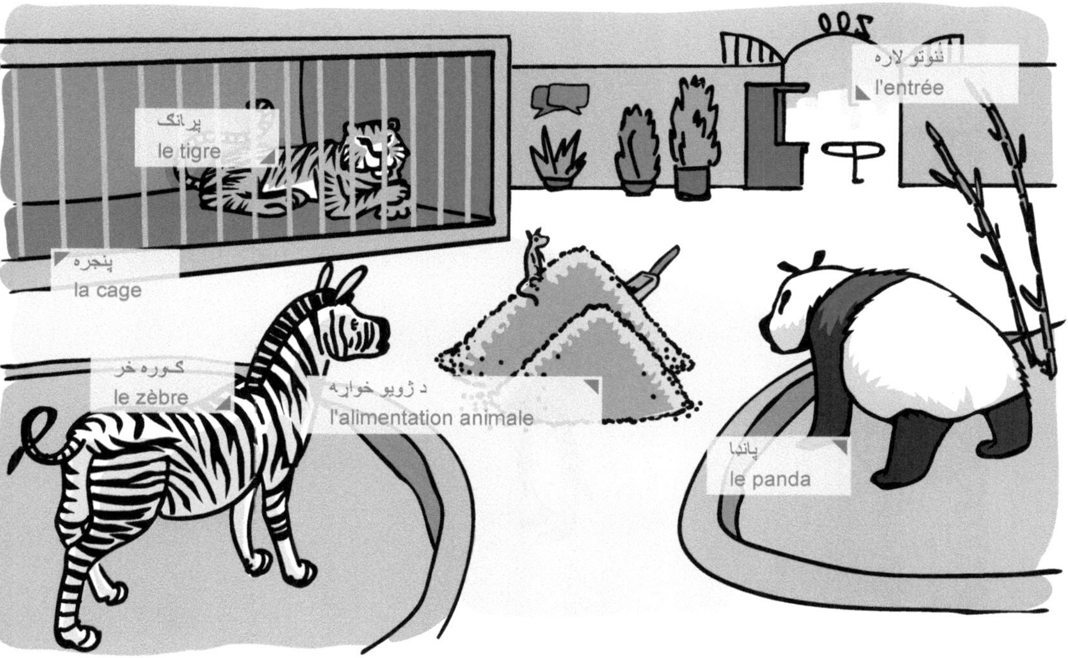
ننوتو لاره
l'entrée
پړانګ
le tigre
پنجره
la cage
ګوره خر
le zèbre
د ژويو خواړه
l'alimentation animale
پاندا
le panda

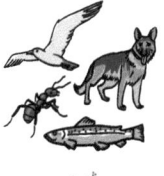

ژوی

les animaux

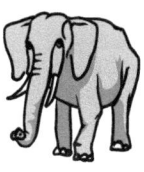

هاتي

l'éléphant

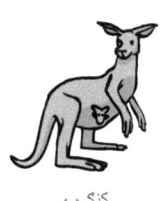

کنګرو

le kangourou

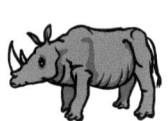

د اوبو اسپ

le rhinocéros

ګوريلا

le gorille

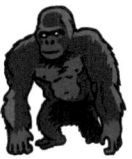

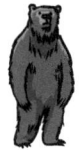

ايږه

l'ours

اوبش
....
le chameau

شترمرغ
....
l'autruche

زمرى
....
le lion

بيزو
....
le singe

غزى
....
le flamand rose

طوطى
....
le perroquet

قطبي ايرہ
....
l'ours polaire

پينگوين
....
le pingouin

شارک
....
le requin

طاوس
....
le paon

مار
....
le serpent

تمساح
....
le crocodile

ژوبن ساتونکى
....
le gardien de zoo

سيل
....
le phoque

جگوار
....
le jaguar

يابو

le poney

پرانگ

le léopard

هيپو

l'hippopotame

زرافه

la girafe

باز

l'aigle

نرخوگ

le sanglier

کب

le poisson

شمشتى

la tortue

سمندري نولی

le morse

گيدره

le renard

هوسى

la gazelle

امریکایی فټبال
l'american Football

سایکل چلول
le cyclisme

ټینس
le tennis

باسکیټبال
le basket-ball

لامبو
la natation

باکسینگ
la boxe

د کنګل هاکي
le hockey sur glace

فټبال
....
le football

کسیزه
....
le badminton

د څخغاستی لوبی
....
l'athlétisme

د هندبال
....
le handball

سکي
....
le ski

پولو
....
le polo

فعاليتونه
les activités

خندل
rire
ټوپ وهل
sauter
غاړه ورکول
embrasser
ګرځېدل
marcher
سندري ويل
chanter
خوب ليدل
rêver
عبادت کول
prier
مچو کول
faire la bise

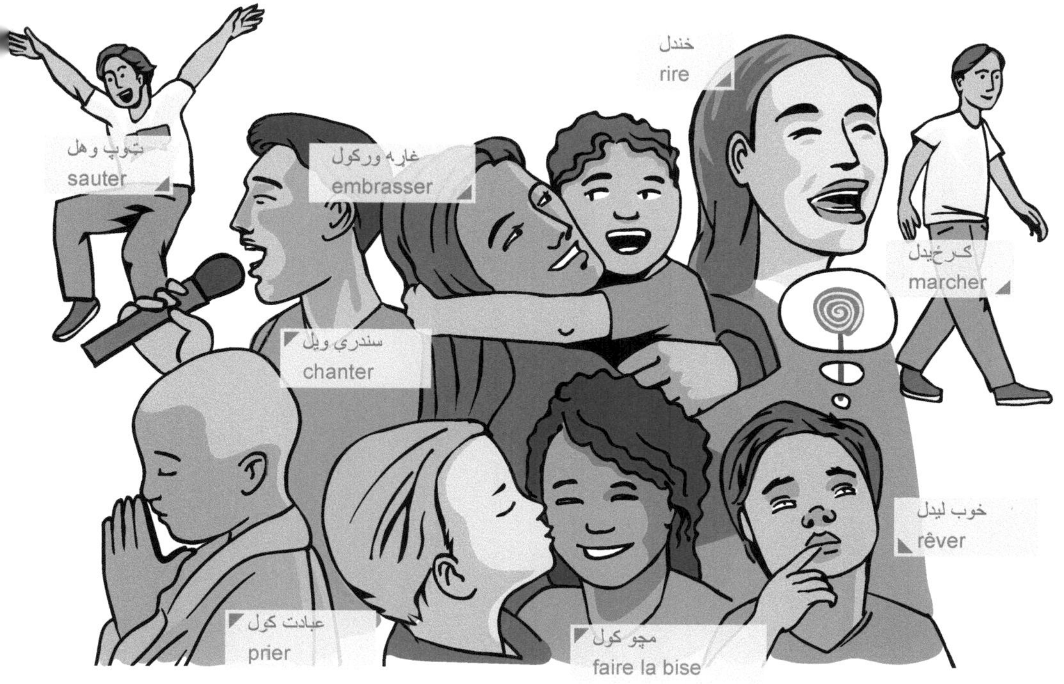

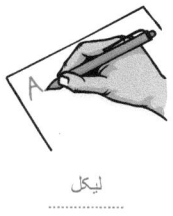

ليکل

écrire

کښل

dessiner

ښودل

montrer

ټېله کول

pousser

ورکول

donner

اخيستل

prendre

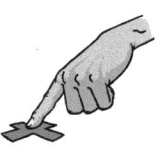

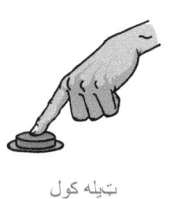

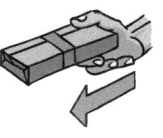

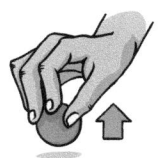

دلولردل

avoir

کول

faire

پاییدل

être

ودریدل

être debout

مندی وهل

courir

لشکار

trier

گوزارل

jeter

لویدل

tomber

تسلامخ

être couché

انتظار کول

attendre

ورل

porter

تسلانینکب

être assis

پوښاک اغوستل

s'habiller

ویده کیدل

dormir

پاخیدل

se réveiller

كتل

regarder

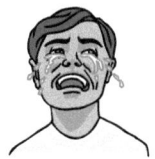

ژړل

pleurer

بريد كول

caresser

ګمنځ كول

peigner

خبرى كول

parler

پوهيدل

comprendre

غوښتل

demander

اوريدل

écouter

څښل

boire

خورل

manger

پاكول

ranger

مينه كول

aimer

پخلى كول

cuire

موټر چلول

conduire

الوتل

voler

بېرى چلول
faire de la voile

حساب
calculer

لوستل
lire

زده کول
apprendre

کار کول
travailler

واده کول
se marier

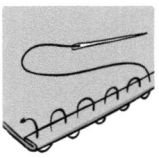

ګنډل
coudre

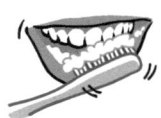

د غاښونو برس کول
brosser les dents

وژل
tuer

سګرټ څښل
fumer

لیږل
envoyer

کورنۍ

la famille

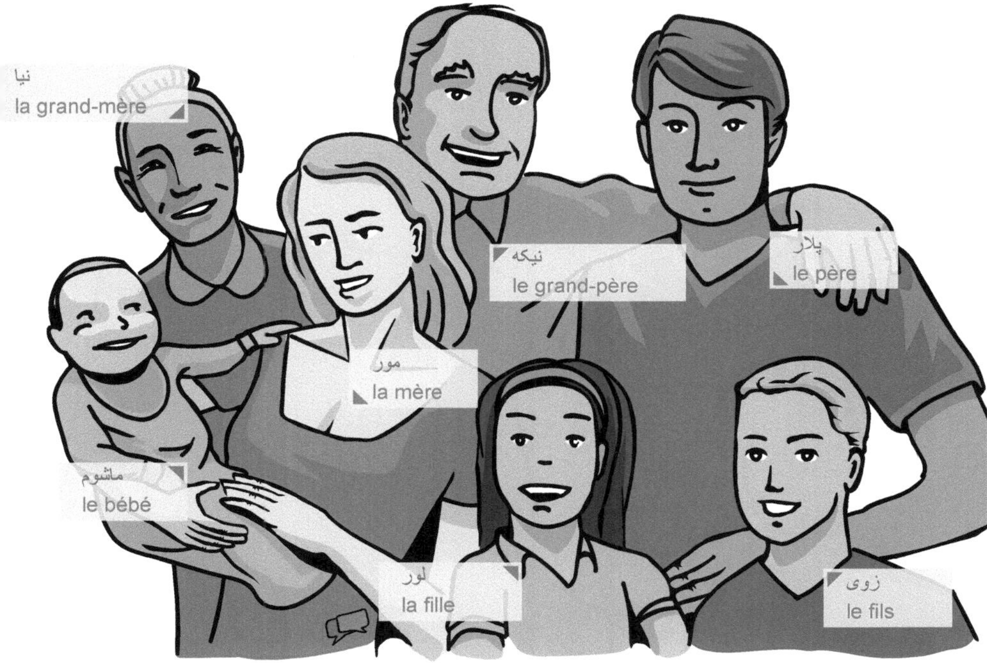

نیا
la grand-mère
نیکه
le grand-père
پلار
le père
مور
la mère
ماشوم
le bébé
لور
la fille
زوی
le fils

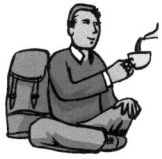

میلمه

l'hôte

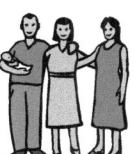

ترور

la tante

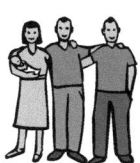

کاکا/ماما

l'oncle

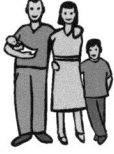

ورور

le frère

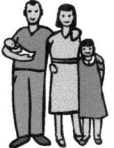

خور

la sœur

le corps

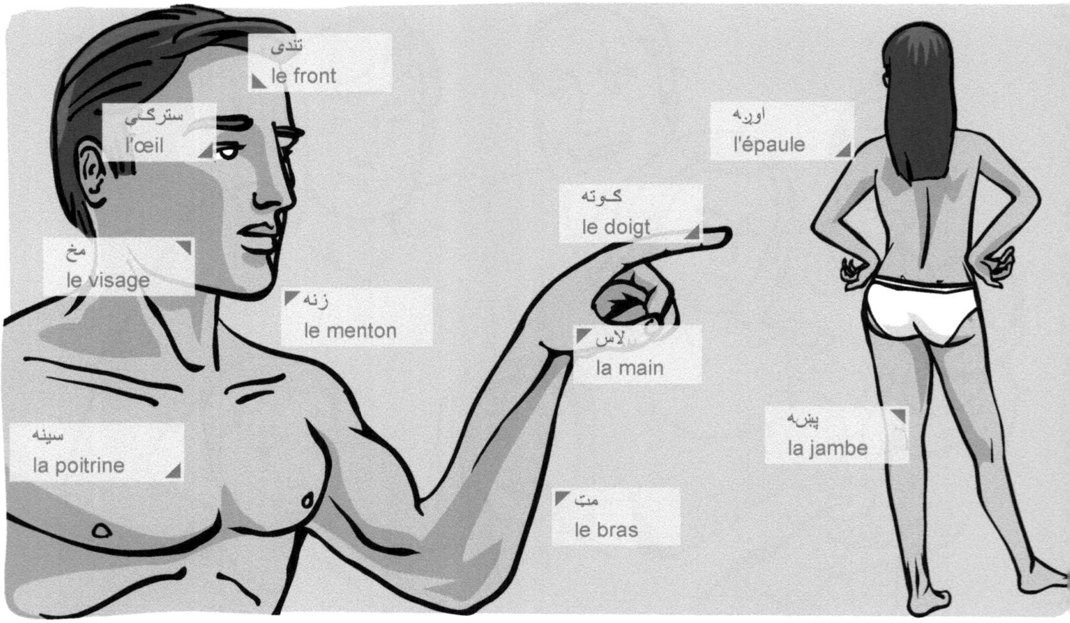

تندى
le front

سترگـى
l'œil

اوږه
l'épaule

مخ
le visage

ګوته
le doigt

زنه
le menton

لاس
la main

سينه
la poitrine

پښه
la jambe

مټ
le bras

ماشوم
le bébé

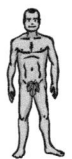

سړى
l'homme

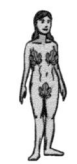

ښخه
la femme

انجلى
la fille

هلک
le garçon

سر
la tête

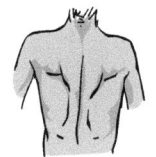

شا

le dos

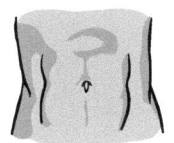

خیته

le ventre

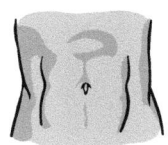

نوم

le nombril

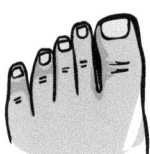

د پښې ګوته

l'orteil

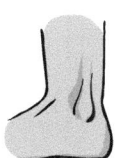

پونده

le talon

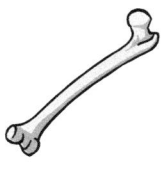

هډوکی

l'os

کوناتی

la hanche

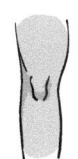

زنګون

le genou

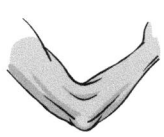

څنګل

le coude

پوزه

le nez

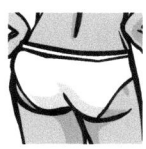

لاندی برخه

les fesses

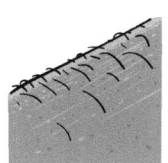

پوټکی

la peau

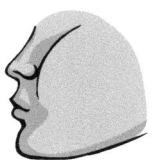

غومبوری

la joue

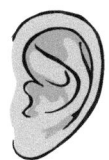

غوږ

l'oreille

شونډه

la lèvre

خوله

la bouche

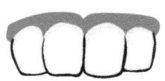

غابښ

la dent

ژبه

la langue

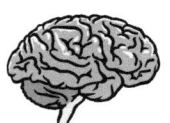

مغز

le cerveau

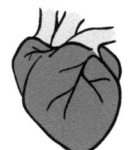

زړه

le cœur

عضله

le muscle

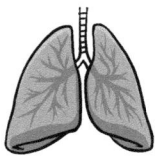

سږى

les poumons

خيګر

le foie

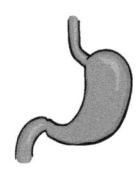

معده

l'estomac

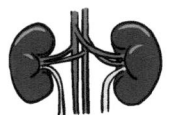

پښتورګي

les reins

جنسي نږدې والى

le rapport sexuel

كاندوم

le préservatif

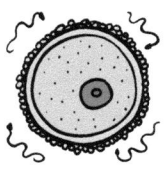

تخمه

l'ovule

مني

le sperme

حمل

la grossesse

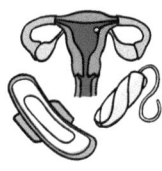

حيض

la menstruation

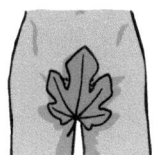

مهبل

le vagin

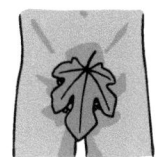

د نارينه تناسلي آله

le pénis

وروځی

le sourcil

ويښته

les cheveux

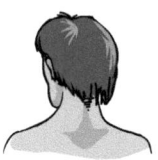

غاړه

le cou

روغتون
l'hôpital

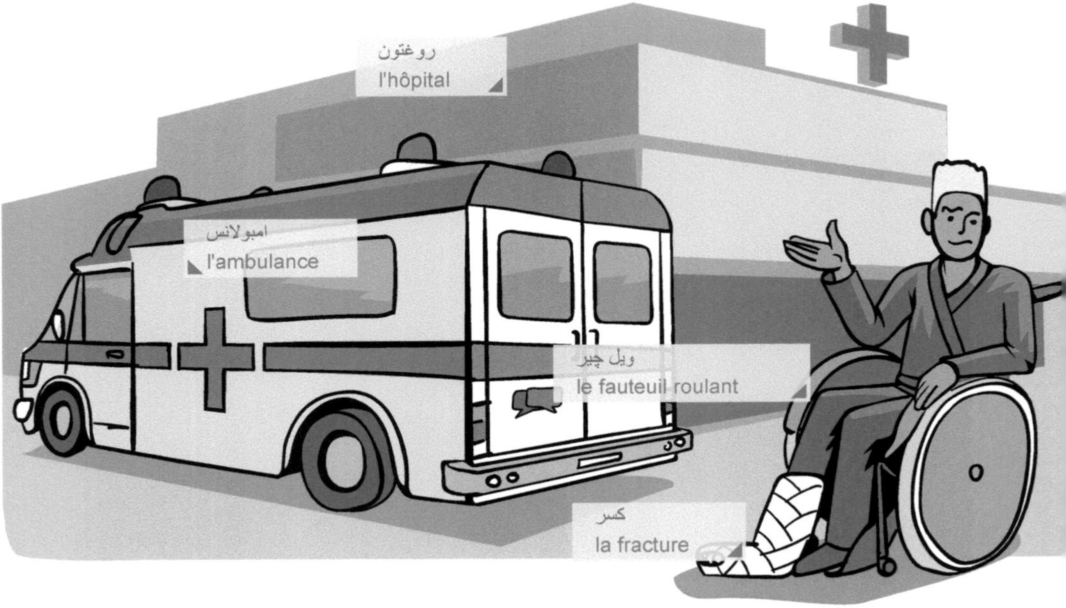

روغتون
l'hôpital
امبولانس
l'ambulance
ویل چیر
le fauteuil roulant
کسر
la fracture

ډاکټر

le médecin

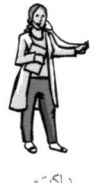

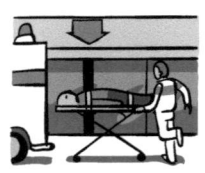

عاجل خونه

le service des urgences

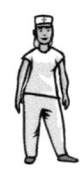

رنځورپال

l'infirmière

عاجل

l'urgence

بي هوش

inconscient

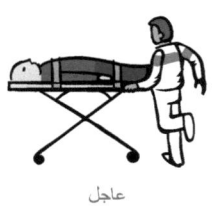

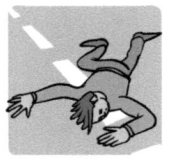

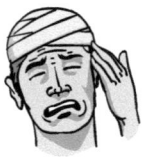

درد

la douleur

پټ تپ

la blessure

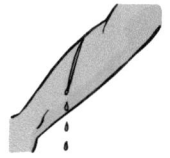

لدیوت هنیو

l'hémorragie

د زره حمله

la crise cardiaque

ضرب

l'attaque cérébrale

حساسیت

l'allergie

ټوخی

la toux

تبه

la fièvre

انفلوینزا

la grippe

نس ناستی

la diarrhée

سر درد

le mal de tête

سرطان

le cancer

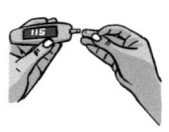

شکر

le diabète

جراح

le chirurgien

سکالپل

le scalpel

عملیات

l'opération

سـي.تـي

le CT

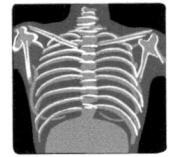

رى اكس راى

la radiographie

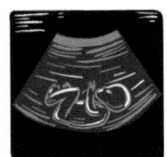

التـراساوند

l'échographie

كسام مخ د

le masque

غيوران

la maladie

انتظار خونه

la salle d'attente

اسمأ

la béquille

پلستر

le pansement

بنداژ

le pansement

قزريت

l'injection

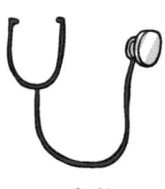

ستاتسكوپ

le stéthoscope

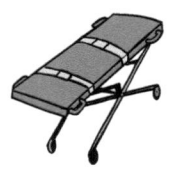

تسكيره

le brancard

كلينكي ترماميتر

le thermomètre

زيرون

l'accouchement

زيات وزن

la surcharge pondérale

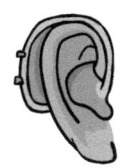

د اوريدو مرسته

l'appareil auditif

د عفونيت څخه پاکونکي مواد

le désinfectant

عفونيت

l'infection

ويروس

le virus

ايچ.آی.وی/ايدز

le VIH / le sida

درمل

le médicament

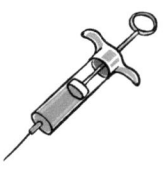

واکسين

la vaccination

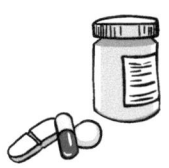

تابلیتسونه

les comprimés

کـولۍ

la pilule

عاجل تليفون

l'appel d'urgence

د وينې د فشار څارونکی

le tensiomètre

ناروغ/روغ

malade / sain

مرسته!

Au secours !

الارم

l'alarme

يرغل

l'assaut

بريد

l'attaque

خطر

le danger

هره لاجل عا

la sortie de secours

اورا!

Au feu!

د اور وژونکی

l'extincteur

هـپیښ

l'accident

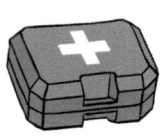

د لومړی مرستي لوازم

la trousse de premier
secours

ايس.او.ايس

SOS

پولیس

la police

la terre

اروپا

l'Europe

شمالي امريکا

l'Amérique du Nord

سهيلي امريکا

l'Amérique du Sud

افريقا

l'Afrique

آسيا

l'Asie

آستريليا

l'Australie

اتلانتيک

l'Océan atlantique

پاسيفيک

l'Océan pacifique

د هند بحر

l'Océan indien

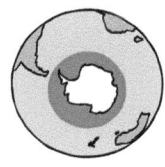

جنوبي منجمد بحر

l'Océan antarctique

د شمال قطب بحر

l'Océan arctique

شمالي قطب

le Pôle nord

سهیلی قطب

le Pôle sud

انتاركتیكا

l'Antarctique

خُمکه

la terre

خُمکه

le pays

بحر

la mer

تاپو

l'île

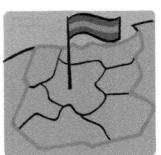

ملت

la nation

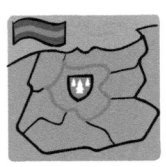

دولت

l'état

د مخي ساعت

le cadran

د ساعت ستنه

l'aiguille des heures

د دقيقى ستنه

l'aiguille des minutes

د ثانيى ستنه

l'aiguille des secondes

څه وخت دى؟

Quelle heure est-il ?

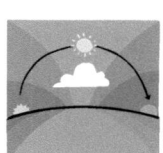

ورځ

le jour

وخت

le temps

اوس

maintenant

ديجيټل ساعت

la montre digitale

دقيقه

la minute

ساعت

l'heure

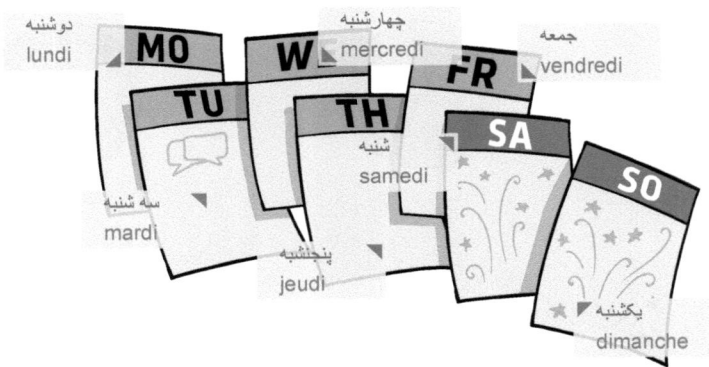

دوشنبه
lundi

چهارشنبه
mercredi

جمعه
vendredi

سه‌شنبه
mardi

شنبه
samedi

پنجشنبه
jeudi

يكشنبه
dimanche

پرون
hier

نن
aujourd'hui

سبا
demain

سهار
le matin

غرمه
le midi

ماښام
le soir

MO	TU	WE	TH	FR	SA	SU
1	2	3	4	5	6	7
8	9	10	11	12	13	14
15	16	17	18	19	20	21
22	23	24	25	26	27	28
29	30	31	1	2	3	4

كاري ورځي
les jours ouvrables

MO	TU	WE	TH	FR	SA	SU
1	2	3	4	5	6	7
8	9	10	11	12	13	14
15	16	17	18	19	20	21
22	23	24	25	26	27	28
29	30	31	1	2	3	4

د اونۍ پای
le week-end

کال

l'année

باران
la pluie
رنګين كمان
l'arc-en-ciel
واوره
la neige
باد
le vent
پسرلی
le printemps
منی
l'automne
اوړی
l'été
ژمی
l'hiver

4.APRIL 11°
5.APRIL 4°
6.APRIL 13°
7.APRIL 8°
8.APRIL 10°

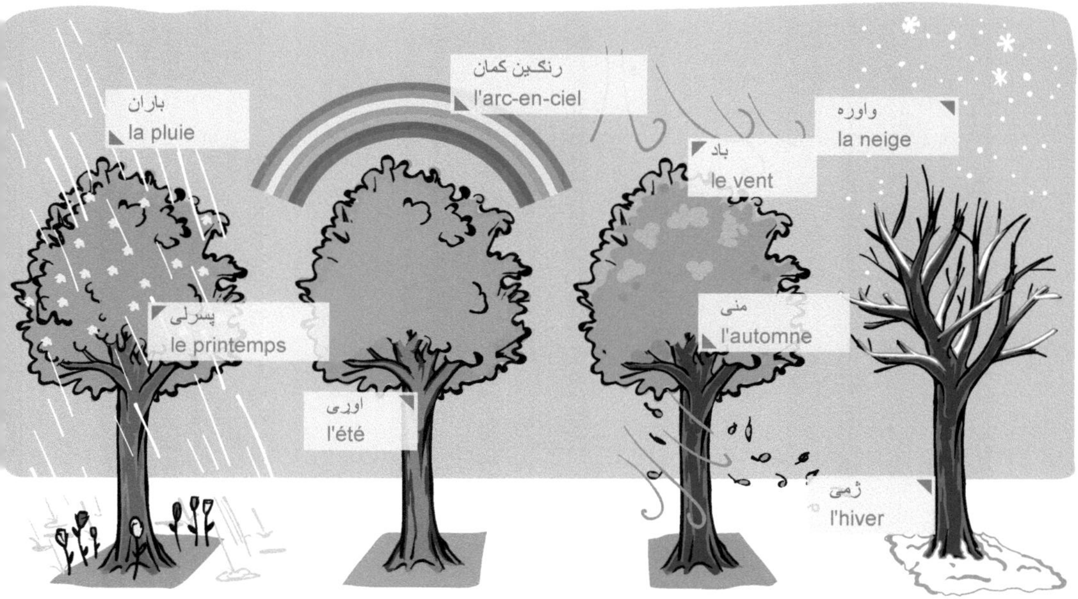

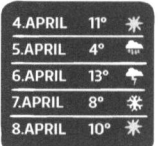

د موسم وړاندوينه

la météo

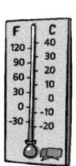

F
C
120
90
60
30
0
-30
40
30
20
10
0
-10
-20

ترموميټر

le thermomètre

د لمر وړانګې

la lumière du soleil

وريځ

le nuage

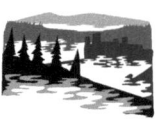

لړه

le brouillard

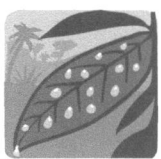

رطوبت

l'humidité

ابرنی
....
la foudre

تندرد
....
la tonnerre

توفان
....
la tempête

ژلی وریدل
....
la grêle

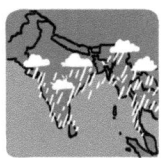

مون سون باران
....
la mousson

سیلاب
....
l'inondation

یخ
....
la glace

جنوری
....
janvier

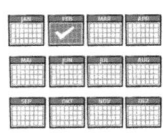

فبروري
....
février

مارچ
....
mars

اپریل
....
avril

می
....
mai

جون
....
juin

جولای
....
juillet

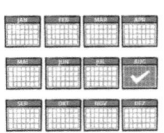

اگست
....
août

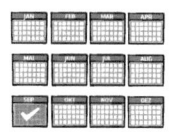

سپټمبر
....
septembre

اکتوبر
....
octobre

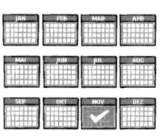

نومبر
....
novembre

دسمبر
....
décembre

دايره
....
le cercle

مربع
....
le carré

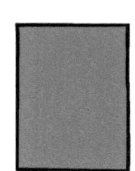

مستطيل
....
le rectangle

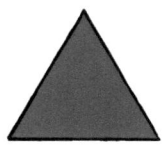

مثلث
....
le triangle

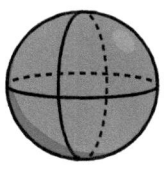

توپ
....
la sphère

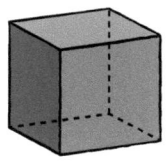

فال
....
le cube

سپین

blanc

ژیر

jaune

نارنجي

orange

کـلابي

rose

سور

rouge

ارغواني

violet

نيلي

bleu

ثين

vert

نسواري

marron

خر

gris

تۆر

noir

خورا ډير/خورا لږ

beaucoup / peu

قار/ارام

fâché / calme

ښکلی/بدشکله

joli / laid

پیل/پای

le début / la fin

لوی/کوچنی

grand / petit

روښان/تیاره

clair / obscure

ورور/خور

frère / soeur

پاک/ککر

propre / sale

مکمل/نامکمل

complet / incomplet

ورخ/شپه

le jour / la nuit

مرلاوندی

mort / vivant

پراخه/نری

large / étroit

د خوراک وړ/نه خوړل کیدونکی
....
comestible / incomestible

بد/مهربان
....
méchant / gentil

پاریدلی/بی خونده
....
excité / ennuyé

چاق/وچ
....
gros / mince

لومړی/وروستی
....
le premier / le dernier

ملګری/دښمن
....
l'ami / l'ennemi

ډک/تش
....
plein / vide

سخت/نرم
....
dur / souple

درون/سپک
....
lourd / léger

لوږه/تنده
....
faim / soif

ناروغ/روغ
....
malade / sain

غیرقانوني/قانوني
....
illégal / légal

هوښیار/ساده
....
intelligent / stupide

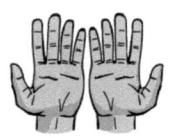

کیڼ/ښی
....
gauche / droite

نزدې/لرې
....
proche / loin

زور/زوون

nouveau / usé

هېڅ/يوڅه

rien / quelque chose

زوړ/ځوان

vieux / jeune

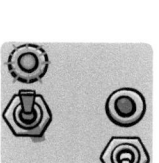

چالان/بند

marche / arrêt

خلاص/ترلی

ouvert / fermé

غلي/لور غر

faible / fort

بډای/غريب

riche / pauvre

صحيح/غلط

correct / incorrect

زبر/ملايم

rugueux / lisse

خفه/خوش

triste / heureux

لند/اوږد

court / long

سست/ګرندى

lent / rapide

لوند/وچ

mouillé / sec

ګرم/يخ

chaud / froid

جګړه/سوله

la guerre / la paix

les nombres

0

صفر
....
zéro

1

يو
....
un / une

2

دوه
....
deux

3

دری
....
trois

4

څلور
....
quatre

5

پنځه
....
cinq

6

شپږ
....
six

7

اوه
....
sept

8

اته
....
huit

9

نهه
....
neuf

10

لس
....
dix

11

يولس
....
onze

12

سلود

douze

13

سرليد

treize

14

سرلواخ

quatorze

15

سلخنپ

quinze

16

سراپش

seize

17

سلوو

dix-sept

18

سلتا

dix-huit

19

سلون

dix-neuf

20

شل

vingt

100

سل

cent

1.000

زر

mille

1.000.000

نويليم

le million

les langues

انگلسي
l'anglais

امريكايى انگلسي
l'anglais américain

چينايى مندرين
le chinois mandarin

هندي
le hindi

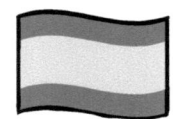

هسپانوي
l'espagnol

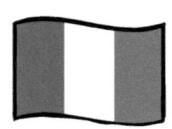

فرانسوي
le français

عربي
l'arabe

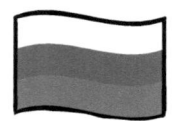

روسي
le russe

پرتگالي
le portugais

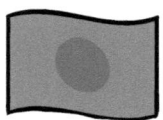

بنگالي
le bengali

آلماني
l'allemand

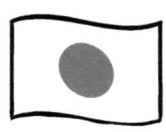

جاپاني
le japonais

زه

je

ته

tu

هغه/دغه/دا

il / elle / ce, c', cela

مونږ

nous

تاسې

vous

دوی/هغوی

ils / elles

څوک؟

Qui ?

څه؟

Quoi ?

څنګه؟

Comment ?

چیری؟

Où ?

کله؟

Quand ?

نوم

le nom

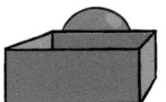

شاته
....
derrière

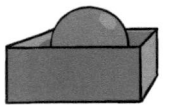

په
....
dans

په مخه کې
....
devant

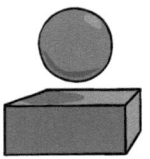

باندي
....
au-dessus

په
....
sur

لاندي
....
en-dessous

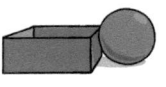

برسیره پر
....
à côté de

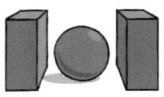

تَرمینځ
....
entre

ځای
....
le lieu